cakes
salés et sucrés

Mélanie CHARTIER

Dormonval
CH - LUCERNE

››› PRÉPARATION TRÈS SIMPLE
››› PRÉPARATION FACILE
››› PRÉPARATION ÉLABORÉE

••• PEU COÛTEUSE
••• RAISONNABLE
••• CHÈRE

› Photographies : SAEP/Annabelle ROSE.
› Graphisme : Valérie RENAUD.
› Coordination : SAEP/Éric ZIPPER.
› Composition et photogravure : SAEP/Arts Graphiques.
› Impression : Union Européenne.

Conception › saep création - 68040 Ingersheim - Colmar

Souvenirs des goûters savoureux d'enfance, les cakes confectionnés par nos grands-mères non seulement sont indémodables mais se déclinent, aujourd'hui, à l'infini.

› Salées ou sucrées, ces recettes simples et rapides, originellement à base de farine, de sucre, d'œufs, de raisins secs et de fruits confits, n'en finissent pas de nous surprendre et accompagnent tous les moments de la journée : douceur du petit-déjeuner, plaisir salé à l'heure du brunch, quatre-heures gourmand ou dessert élaboré, mise en bouche à l'apéro, sans oublier les pique-niques, en famille ou entre copains...

› Simple, classique ou recherché, ce gâteau rectangulaire permet tous les mariages de saveurs, toutes les audaces, et cela pour un rapport qualité-prix imbattable permettant d'élaborer des recettes en toutes saisons.

› Les recettes de cake proposées dans cet ouvrage ont pour but de vous inspirer, afin que vous passiez vous aussi derrière les fourneaux et que vous laissiez libre cours à votre imagination et à votre fantaisie.

CAKE EN PRATIQUE

Le cake est une recette simple mais quelques conseils pratiques sont néanmoins utiles pour les réussir à la perfection.

› Matériel

Le moule à cake, rectangulaire, existe en plusieurs versions. Choisissez de préférence une taille classique, de 28 cm de long. Métallique, avec revêtement antiadhésif, en verre, à beurrer et à fariner impérativement, ou bien en silicone, qui ne nécessite pas d'être beurré préalablement et offre un démoulage très facile.

› Cuisson

La cuisson peut varier considérablement d'un four à l'autre. La température préconisée dans l'ouvrage est de 180 °C (th. 6) en chaleur tournante, pour un temps de cuisson allant de 40 minutes à 50 minutes. Le cake doit être placé sur une plaque au milieu du four bien préchauffé.

Si votre cake semble cuire trop fort, n'hésitez pas à baisser la température à 160 °C (th. 5-6) en cours de cuisson. Mais n'ouvrez jamais la porte du four en début de cuisson.

Pour vérifier la cuisson parfaite de votre cake, une méthode infaillible : plongez-y délicatement un couteau. Si la lame retirée ressort parfaitement sèche, alors, votre cake est prêt.

Reste à le démouler sur une grille et à attendre qu'il soit refroidi pour le couper afin qu'il ne se démonte pas.

› Conservation

Les cakes sucrés basiques se conservent bien emballés dans du film adhésif.

Les cakes salés ou plus riches se conservent également emballés au réfrigérateur.

DU CAKE, ET PUIS ?

› Délicieux nature, accompagné d'un thé ou d'un café, le cake peut aussi constituer un véritable repas et être mis en valeur par sa garniture. Les accompagnements, comme les recettes de cake, vont exploiter ce que chaque saison offre de mieux et de plus économique.

› Ainsi, pour un brunch original, vous pouvez marier le cake salé avec une simple salade verte ou d'endives assaisonnée avec un bon vinaigre balsamique ou encore une huile aromatisée.
Mais les possibilités sont multiples et l'on peut composer une belle assiette en assortissant toujours en petites quantités ces quelques suggestions.

› Du coleslaw : cette salade de chou et de carotte, fraîche et craquante, se marie aussi bien avec des cakes aux légumes, au fromage, au poulet…

› Un taboulé parfumé à la cannelle accompagnera à merveille vos cakes.

› Tomates provençale, une moitié de tomate garnie d'une préparation à base d'ail, de persil, de chapelure et d'huile d'olive cuite au four et servie tiède. De même, une salade de tomates fraîches au basilic ou bien une ratatouille savoureuse, servie froide ou tiède, se marieront très bien à toutes vos recettes.

› L'été, des boules de melon ou des quartiers de pastèque apporteront fraîcheur et notes colorées à votre assiette. On peut aussi présenter de fines tranches d'avocat, un petit tartare d'agrumes et, pourquoi pas, l'hiver, un velouté de légumes dans une petite verrine.

› Pour les cakes sucrés, des coulis aux fruits rouges, des confitures ou des petites compotes naturelles de fruits frais relèveront la saveur des cakes classiques.

› Pour les gourmands, les cakes au chocolat, notamment, pourront être servis avec une boule de glace à la vanille, au café, au caramel, une crème anglaise ou des rosettes de chantilly maison ou encore une sauce de chocolat chaud.

cake classique au jambon

150 g de farine / 1 sachet de levure chimique / 3 œufs / 15 cl d'huile de tournesol / 15 cl de lait / 150 g de gruyère râpé / 200 g de jambon en tranches épaisses / 100 g d'olives noires dénoyautées / Sel, poivre.

6 À 8 PERS. – PRÉP. : 15 MIN – CUISS. : 45 MIN

1 › Mélanger la farine et la levure. Ajouter les œufs. Incorporer au fouet l'huile de tournesol et le lait puis le fromage râpé afin de rendre la préparation bien homogène.

2 › Couper le jambon en cubes. Ajouter à la pâte avec les olives. Assaisonner.

3 › Bien mélanger et verser dans le moule beurré et fariné. Enfourner à 190-200 °C (th. 6-7) pour 45 minutes.

4 › Laisser refroidir avant de couper en tranches ou en cubes.

cake aux herbes

150 g de farine / 1 sachet de levure chimique / 3 œufs / 15 cl d'huile d'olive / 15 cl de lait / 1 petit bouquet de persil / Quelques brins de ciboulette / Quelques feuilles de basilic / Quelques feuilles de menthe / 100 g de tomates confites / 100 g de feta / Sel, poivre.

6 À 8 PERS. – PRÉP. : 15 MIN – CUISS. : 45 MIN

1 › Dans un saladier, mélanger la farine et la levure. Ajouter les œufs. Bien fouetter avant d'incorporer l'huile d'olive et le lait.
2 › Ciseler très finement les herbes. Couper en petits morceaux les tomates. Émietter la feta. Ajouter le tout à la pâte. Assaisonner. Bien mélanger.
3 › Verser dans le moule beurré et fariné. Enfourner à 190-200 °C (th. 6-7) pour 45 minutes.
4 › Laisser refroidir avant de couper en tranches ou en cubes.

cake tout légume

1/2 poivron / 1/2 aubergine / 1 petite courgette / 1 tomate / 1 oignon / 1 gousse d'ail / 10 cl d'huile d'olive / 150 g de farine / 1 sachet de levure chimique / 3 œufs / 10 cl de lait / 150 g de gruyère râpé / Sel, poivre.

6 À 8 PERS. – PRÉP. : 30 MIN – CUISS. : 45 MIN

1 › Préparer une ratatouille avec les légumes : les couper en gros cubes puis les faire revenir dans une poêle avec l'ail et l'oignon hachés et un peu d'huile d'olive. Saler et poivrer.
2 › Mélanger la farine et la levure. Ajouter les œufs. Incorporer au fouet l'huile d'olive, le lait et le gruyère râpé afin de rendre la préparation bien homogène.
3 › Incorporer la ratatouille à la pâte.
4 › Bien mélanger et verser dans le moule beurré et fariné. Enfourner à 190-200 °C (th. 6-7) pour 45 minutes.
5 › Laisser refroidir avant de couper en tranches ou en cubes.

Soyez créatif ! N'hésitez pas à tester différentes combinaisons de légumes.

› cake tout légume p. 9

› cake aux herbes p. 9

cake olives-citron confit

150 g de farine / 1 sachet de levure chimique / 3 œufs / 15 cl d'huile d'olive / 15 cl de lait / 100 g de gruyère râpé / 200 g d'olives noires dénoyautées / 1 citron confit / Sel, poivre.

6 À 8 PERS. – PRÉP. : 15 MIN – CUISS. : 45 MIN

1 › Mélanger la farine et la levure. Ajouter les œufs. Incorporer au fouet l'huile d'olive et le lait puis le fromage râpé afin de rendre la préparation bien homogène. Saler et poivrer.

2 › Ajouter les olives et le citron confit finement coupé en lanières.

3 › Bien mélanger et verser dans le moule beurré et fariné. Enfourner à 190-200 °C (th. 6-7) pour 45 minutes.

4 › Laisser refroidir avant de couper en tranches ou en cubes.

cake oignon-fromage

150 g de farine / 1 sachet de levure chimique / 3 œufs / 15 cl d'huile de tournesol / 15 cl de lait / 150 g de gruyère râpé / 2 oignons / 1 boule de mozzarella / Sel, poivre.

6 À 8 PERS. – PRÉP. : 15 MIN – CUISS. : 45 MIN

1 › Mélanger la farine et la levure. Ajouter les œufs. Incorporer au fouet l'huile de tournesol et le lait puis le fromage râpé afin de rendre la préparation bien homogène. Assaisonner.

2 › Hacher finement les oignons et couper la mozzarella en petits cubes. Bien mélanger à la pâte.

3 › Verser dans le moule beurré et fariné. Enfourner à 190-200 °C (th. 6-7) pour 45 minutes.

4 › Laisser refroidir avant de couper en tranches ou en cubes.

cake olives-citron confit

cake au pistou

150 g de farine / 1 sachet de levure chimique / 3 œufs / 15 cl d'huile d'olive / 15 cl de lait / 1 bocal de pistou du commerce / Sel, poivre.

●●● ››› 6 À 8 PERS. – PRÉP. : 10 MIN – CUISS. : 45 MIN

1 › Dans un saladier, mélanger la farine et la levure. Ajouter les œufs. Bien fouetter avant d'incorporer l'huile d'olive et le lait.

2 › Ajouter le pistou à la préparation. Bien mélanger. Assaisonner.

3 › Verser dans le moule beurré et fariné. Enfourner 45 minutes à four chaud à 190-200 °C (th. 6-7).

4 › Laisser refroidir avant de couper en tranches ou en cubes.

Si vous avez à disposition du basilic en abondance, préparez le pistou vous-même ! Dans ce cas, rincez et effeuillez 3 bouquets de basilic. Épongez-le et ciselez-le finement. Pelez 3 gousses d'ail et écrasez-les dans un mortier avec le basilic. Incorporez ensuite de la même manière 4 cuillerées à soupe de parmesan et 50 g de pignons de pin. Ajoutez 10 cl d'huile petit à petit. Salez et poivrez.

cake 3 fromages

150 g de farine / 1 sachet de levure chimique / 3 œufs / 10 cl d'huile de tournesol / 10 cl de lait / 100 g de gruyère râpé / 100 g de roquefort / 100 g de mimolette / Herbes de Provence / Sel, poivre.

6 À 8 PERS. – PRÉP. : 15 MIN – CUISS. : 45 MIN

1 › Mélanger la farine et la levure. Ajouter les œufs. Incorporer au fouet l'huile et le lait puis le gruyère râpé afin de rendre la préparation bien homogène. Saler et poivrer.

2 › Ajouter le roquefort écrasé, la mimolette coupée en petits cubes et quelques pincées d'herbes de Provence. Mélanger la préparation.

3 › Verser dans le moule beurré et fariné. Enfourner à 190-200 °C (th. 6-7) pour 45 minutes.

4 › Laisser refroidir avant de couper en tranches ou en cubes.

cake provençal

1 gros poivron vert / 150 g de farine / 1 sachet de levure chimique / 3 œufs / 15 cl d'huile d'olive / 15 cl de lait / 100 g de tomates confites / 100 g de feta / 100 g d'olives noires dénoyautées / Sel, poivre.

6 À 8 PERS. – PRÉP. : 30 MIN – CUISS. : 1 H

1 › Faire griller le poivron au four sur un papier d'aluminium. Lorsqu'il est grillé, l'envelopper dans le papier d'aluminium. Laisser refroidir un peu et retirer peau et pépins. Le couper en petits morceaux.

2 › Mélanger la farine et la levure. Ajouter les œufs. Incorporer au fouet l'huile d'olive et le lait afin de rendre la préparation bien homogène. Saler et poivrer.

3 › Ajouter le poivron, les tomates finement coupées, la feta émiettée et les olives. Bien mélanger.

4 › Verser dans le moule beurré et fariné. Enfourner à 190-200 °C (th. 6-7) pour 45 minutes.

5 › Laisser refroidir avant de couper en tranches ou en cubes.

cake rustique

200 g de lardons fumés / 150 g de farine / 1 sachet de levure chimique / 3 œufs / 15 cl d'huile de tournesol / 15 cl de lait / 150 g de comté / 50 g de cerneaux de noix / Sel, poivre.

6 À 8 PERS. – PRÉP. : 15 MIN – CUISS. : 50 MIN

1 › Faire dorer les lardons dans une poêle à feu vif. Jeter la graisse et laisser refroidir.

2 › Mélanger la farine et la levure. Ajouter les œufs. Incorporer au fouet l'huile de tournesol et le lait puis le fromage râpé afin de rendre la préparation bien homogène. Saler et poivrer.

3 › Ajouter les lardons et les noix et bien mélanger.

4 › Verser dans le moule beurré et fariné. Enfourner à 190-200 °C (th. 6-7) pour 45 minutes.

5 › Laisser refroidir avant de couper en tranches ou en cubes.

› cake provençal p. 17

cake basilic-feta-tomates confites

150 g de farine / 1 sachet de levure chimique / 3 œufs / 15 cl d'huile d'olive / 15 cl de lait / 1 quinzaine de feuilles de basilic / 150 g de tomates confites / 1 gousse d'ail / 150 g de feta / Sel, poivre.

6 À 8 PERS. – PRÉP. : 15 MIN – CUISS. : 45 MIN

1 › Mélanger la farine et la levure. Ajouter les œufs. Incorporer au fouet l'huile d'olive et le lait afin de rendre la préparation bien homogène.

2 › Ciseler le basilic. Couper finement les tomates confites. Hacher la gousse d'ail. Émietter la feta en petits cubes.

3 › Bien mélanger la garniture à la pâte, saler (modérément car les tomates et le fromage le sont déjà) et poivrer. Verser dans le moule beurré et fariné. Enfourner à 190-200 °C (th. 6-7) pour 45 minutes.

4 › Attendre quelques minutes avant de démouler. Couper en tranches lorsque le cake est tiède afin qu'il ne se défasse pas.

Pour un goût plus relevé, ajoutez du piment d'Espelette, du poivre de Cayenne ou tout simplement quelques gouttes de Tabasco à la préparation.

cake des copains

150 g de lardons / 150 g de farine / 1 sachet de levure chimique / 3 œufs / 15 cl d'huile de tournesol / 15 cl de lait / 100 g de gruyère râpé / 200 g de marrons en bocal / Sel, poivre.

6 À 8 PERS. – PRÉP. : 15 MIN – CUISS. : 45 MIN

1 › Faire revenir les lardons.

2 › Mélanger la farine et la levure. Ajouter les œufs. Incorporer au fouet l'huile de tournesol et le lait puis le fromage râpé afin de rendre la préparation bien homogène. Saler et poivrer.

3 › Ajouter les lardons. Couper les marrons en morceaux. Les ajouter à la préparation. Bien mélanger.

4 › Verser dans le moule beurré et fariné. Enfourner à 190-200 °C (th. 6-7) pour 45 minutes.

5 › Laisser refroidir avant de couper en tranches ou en cubes.

› cake basilic-feta-tomates confites

cake de la baltique

150 g de farine / 1 sachet de levure chimique / 3 œufs / 15 cl d'huile d'olive / 15 cl de lait / 100 g de gruyère râpé / Quelques brins d'aneth / 200 g de saumon fumé / 50 g de harengs / Poivre.

6 À 8 PERS. – PRÉP. : 15 MIN – CUISS. : 45 MIN

1 › Dans un récipient, mélanger la farine et la levure. Ajouter les œufs. Bien fouetter avant d'incorporer l'huile et le lait. Ajouter le fromage et l'aneth ciselé. Bien poivrer.
2 › Découper en lanières le saumon et les harengs et les incorporer à la préparation.
3 › Verser dans le moule beurré et fariné, puis enfourner à 190-200 °C (th. 6-7) pour 45 minutes.
4 › Laisser tiédir avant de couper en tranches.

La base de ce cake n'a pas besoin d'être salée en raison de la présence de poisson fumé. L'aneth peut être remplacé par de la ciboulette.

cake cabillaud-brocoli

1 brocoli / 2 échalotes / 20 g de beurre / 250 g de cabillaud / 150 g de farine / 1 sachet de levure chimique / 3 œufs / 15 cl d'huile d'olive / 15 cl de lait / Sel, poivre.

6 À 8 PERS. – PRÉP. : 30 MIN – CUISS. : 55 MIN

1 › Couper les fleurettes du brocoli et les faire cuire 5 minutes dans de l'eau salée. Elles doivent être *al dente*. Réserver.
2 › Hacher les échalotes. Les faire revenir dans une poêle avec un peu de beurre. Découper le cabillaud en morceaux et faire cuire 5 minutes avec les échalotes. Saler et poivrer.
3 › Dans un récipient, mélanger la farine et la levure. Ajouter les œufs. Bien fouetter avant d'incorporer l'huile d'olive et le lait.
4 › Ajouter le brocoli et le mélange au cabillaud à la pâte. Bien mélanger.
5 › Verser dans le moule beurré et fariné, puis enfourner à 190-200 °C (th. 6-7) pour 45 minutes.
6 › Laisser tiédir avant de couper en tranches.

De nombreuses variantes : vous pouvez remplacer le cabillaud par du saumon et le brocoli par de l'oseille ou du blanc de poireau. Accompagnez ce cake de fromage blanc à la ciboulette.

› cake de la baltique

› cake courgettes-feta-menthe

cake du pêcheur

150 g de farine / 1 sachet de levure chimique / 3 œufs / 15 cl d'huile de tournesol / 15 cl de lait / 100 g de gruyère râpé / 200 g de moules cuites décortiquées /2 échalotes émincées / 1 bouquet de persil / Sel, poivre.

6 À 8 PERS. – PRÉP. : 15 MIN – CUISS. : 45 MIN

1 › Mélanger la farine et la levure. Ajouter les œufs. Incorporer au fouet l'huile de tournesol et le lait puis le fromage râpé afin de rendre la préparation bien homogène. Saler et poivrer.

2 › Ajouter les moules. Émincer finement les échalotes et le persil. Les ajouter. Bien mélanger.

3 › Verser dans le moule beurré et fariné. Enfourner à 190-200 °C (th. 6-7) pour 45 minutes.

4 › Laisser refroidir avant de couper en tranches ou en cubes.

cake courgettes-feta-menthe

2 petites courgettes / 15 cl d'huile d'olive / 150 g de farine / 1 sachet de levure chimique / 3 œufs / 15 cl de lait / 150 g de feta / Quelques feuilles de menthe / 50 g de pignons de pin / Sel, poivre.

6 À 8 PERS. – PRÉP. : 30 MIN – CUISS. : 50 MIN

1 › Couper les courgettes en petits cubes. Les faire rissoler dans un peu d'huile d'olive, 5 minutes. Bien égoutter.

2 › Dans un récipient, mélanger la farine et la levure. Ajouter les œufs. Bien fouetter avant d'incorporer l'huile, le lait.

3 › Incorporer les légumes, la feta émiettée, la menthe hachée et les pignons de pin. Saler et poivrer.

4 › Bien mélanger et verser dans le moule beurré et fariné, puis enfourner à 190-200 °C (th. 6-7) pour 45 minutes.

5 › Laisser tiédir avant de couper en tranches.

Ce cake sera parfait accompagné d'une ratatouille de légumes de fin d'été.

cake chèvre-épinards

400 g d'épinards / 25 g de beurre demi-sel / Une pincée de muscade / 150 g de farine / 1 sachet de levure chimique / 3 œufs / 15 cl d'huile d'olive / 15 cl de lait / 150 g de chèvre / Sel, poivre.

6 À 8 PERS. – PRÉP. : 40 MIN – CUISS. : 50 MIN

1 › Bien laver les feuilles des épinards. Faire blanchir à l'eau salée puis sécher les feuilles sur du papier absorbant.

2 › Faire chauffer le beurre dans une poêle avant d'y ajouter les épinards. Saler, poivrer et parfumer de muscade râpée. Laisser cuire pendant 5 minutes.

3 › Dans un saladier, mélanger la farine et la levure. Ajouter les œufs. Bien fouetter avant d'incorporer l'huile d'olive et le lait.

4 › Incorporer les épinards et le chèvre coupé en cubes à ce mélange. Saler et poivrer avant de bien mélanger.

5 › Verser le tout dans un moule beurré et fariné. Enfourner à 190-200 °C (th. 6-7) pour 45 minutes.

6 › Laisser tiédir avant de couper en tranches.

Vous pouvez apporter un peu de croquant à ce cake en ajoutant à la pâte des graines de sésame, de pavot ou des pignons de pin.

cake carotte-cumin

250 g de carottes / 1 cuil. à café de graines de cumin / 150 g de farine / 1 sachet de levure chimique / 3 œufs / 15 cl d'huile d'olive / 15 cl de lait / 1 citron confit / Sel, poivre.

6 À 8 PERS. – PRÉP. : 15 MIN – CUISS. : 48 MIN

1 › Éplucher les carottes puis les couper en dés. Cuire pendant 3 minutes dans une casserole d'eau bouillante salée. Égoutter et mélanger avec le cumin.

2 › Dans un saladier, mélanger la farine et la levure. Ajouter les œufs. Bien fouetter avant d'incorporer l'huile d'olive et le lait.

3 › Incorporer les carottes refroidies et le citron finement émincé à la préparation.

4 › Verser dans le moule beurré et fariné, puis enfourner à 190-200 °C (th. 6-7) pour 45 minutes.

5 › Laisser tiédir avant de couper en tranches.

Une sauce au fromage blanc et à la coriandre fraîche se mariera parfaitement à la carotte.

cake aux pruneaux et au jambon

150 g de farine / 1 sachet de levure chimique / 3 œufs / 15 cl d'huile d'olive / 15 cl de lait / 150 g de jambon de pays / 150 g de pruneaux / 150 g de feta / Sel, poivre.

6 À 8 PERS. – PRÉP. : 15 MIN – CUISS. : 45 MIN

1 › Mélanger la farine et la levure. Ajouter les œufs. Incorporer au fouet l'huile d'olive et le lait afin de rendre la préparation bien homogène. Saler et poivrer.

2 › Couper le jambon et les pruneaux en petits morceaux à l'aide de ciseaux.

3 › Émietter la feta et ajouter les ingrédients à la pâte.

4 › Bien mélanger et verser dans le moule beurré et fariné. Enfourner 45 minutes à four chaud, à 190-200 °C (th. 6-7).

5 › Laisser refroidir avant de couper en tranches ou en cubes.

cake halloween

500 g de potimarron / 150 g de farine / 1 sachet de levure chimique / 3 œufs / 10 cl d'huile d'olive / 10 cl de lait / 1 gousse d'ail / 100 g de lardons fumés / 50 g de cerneaux de noix concassés / 1 cuil. à soupe de parmesan / Sel, poivre.

••• ››› 6 À 8 PERS. – PRÉP. : 40 MIN – CUISS. : 1 H 15 MIN

1 › Peler le potimarron, ôter les graines et couper la chair en dés. Faire cuire dans l'eau à petits bouillons pendant 30 minutes. Bien égoutter et réduire en purée.

2 › Dans un récipient, mélanger la farine et la levure. Ajouter les œufs. Bien fouetter avant d'incorporer l'huile et le lait. Ajouter à cette pâte 300 g de purée de potimarron, l'ail écrasé, les lardons, les noix et le parmesan. Assaisonner et bien mélanger.

3 › Verser dans le moule beurré et fariné, puis enfourner à 190-200 °C (th. 6-7) pour 45 minutes.

4 › Laisser tiédir avant de couper en tranches.

cake haricots verts-chèvre-tomate

150 g de haricots verts extrafins / 2 belles tomates fermes / 150 g de farine / 1 sachet de levure chimique / 3 œufs / 15 cl d'huile d'olive / 15 cl de lait / 150 g de chèvre / Sel, poivre.

••• ››› 6 À 8 PERS. – PRÉP. : 30 MIN – CUISS. : 57 MIN

1 › Cuire les haricots verts 10 à 12 minutes dans l'eau bouillante salée. Égoutter et les laisser refroidir. Les couper ensuite en tronçons.

2 › Ébouillanter les tomates quelques secondes avant de les peler et de les épépiner. Couper la chair en cubes.

3 › Dans un récipient, mélanger la farine et la levure. Ajouter les œufs. Bien fouetter avant d'incorporer l'huile et le lait.

4 › Incorporer les légumes et le chèvre coupé en morceaux. Saler et poivrer.

5 › Verser dans le moule beurré et fariné, puis enfourner à 190-200 °C (th. 6-7) pour 45 minutes.

6 › Laisser tiédir avant de couper en tranches.

› cake haricots verts-chèvre-tomate p. 29

› cake halloween p. 29

cake chelsea

150 g de bacon / 150 g de farine / 1 sachet de levure chimique / 3 œufs / 1 cuil. à soupe de moutarde forte de Dijon / 10 cl d'huile de tournesol / 10 cl de lait / 10 cl de vin blanc sec / 150 g de cheddar râpé / Sel, poivre.

6 À 8 PERS. – PRÉP. : 20 MIN – CUISS. : 48 MIN

1 › Faire dorer le bacon dans une poêle. Réserver sur du papier absorbant.

2 › Dans un récipient, mélanger la farine et la levure. Ajouter les œufs et la moutarde. Bien fouetter avant d'incorporer l'huile, très peu de sel, du poivre, le lait, le vin et le cheddar.

3 › Ajouter le bacon, bien mélanger et verser dans le moule beurré et fariné.

4 › Enfourner à 190-200 °C (th. 6-7) pour 45 minutes.

5 › Laisser tiédir avant de couper en tranches.

cake poire-roquefort

150 g de farine / 1 sachet de levure chimique / 3 œufs / 15 cl d'huile d'olive / 15 cl de lait / 100 g de gruyère râpé / 2 poires / 150 g de roquefort / 50 g de cerneaux de noix / Sel, poivre.

6 À 8 PERS. – PRÉP. : 15 MIN – CUISS. : 45 MIN

1 › Dans un récipient, mélanger la farine et la levure. Ajouter les œufs. Bien fouetter avant d'incorporer l'huile d'olive et le lait puis le gruyère râpé. Saler et poivrer avant de mélanger à nouveau.

2 › Incorporer au mélange les poires, le roquefort coupés en morceaux et les noix.

3 › Verser dans le moule beurré et fariné, puis enfourner à 190-200 °C (th. 6-7) pour 45 minutes.

4 › Laisser tiédir avant de couper en tranches.

Le roquefort étant naturellement salé, attention à l'assaisonnement ! Pour un parfum plus prononcé, remplacez l'huile d'olive par de l'huile de noix.

› cake chelsea

cake andalou

2 petits poivrons rouges ou verts / 150 g de chorizo fort / 150 g de farine / 1 sachet de levure chimique / 3 œufs / 15 cl d'huile d'olive / 15 cl de lait / 100 g de feta / 50 g d'olives noires dénoyautées / Sel, poivre.

6 À 8 PERS. – PRÉP. : 30 MIN – CUISS. : 1 H

1 › Faire griller les poivrons au four sur un papier d'aluminium. Lorsqu'ils sont grillés, les envelopper dans le papier d'aluminium. Laisser refroidir un peu et retirer peau et pépins. Les couper en fines lanières.
2 › Ôter la peau du chorizo et le couper en dés.
3 › Dans un saladier, mélanger la farine et la levure. Ajouter les œufs. Bien fouetter avant d'incorporer l'huile d'olive et le lait.
4 › Ajouter à la pâte les poivrons, la feta émiettée, le chorizo et les olives. Saler et poivrer.
5 › Verser le tout dans le moule beurré et fariné. Enfourner à 190-200 °C (th. 6-7) pour 45 minutes.
6 › Laisser tiédir avant de couper en tranches.

Vous pouvez parfumer la préparation d'une dose de safran ou de curcuma. Ce cake peut être servi à l'apéritif, coupé en dés, ou se déguster avec une salade de légumes. Vous pouvez faire une petite sauce au fromage blanc/sel/huile d'olive/ciboulette pour l'accompagner.

cake british

125 g de sucre en poudre / 125 g de beurre / 3 œufs / 160 g de farine / 1 sachet de levure / 30 cl de thé earl grey infusé / 60 g de poudre d'amande / 1 cuil. à café de gingembre en poudre ou frais.

6 À 8 PERS. – PRÉP. : 15 MIN – CUISS. : 45 MIN

1 › Fouetter le sucre et le beurre. Le mélange doit blanchir.
2 › Ajouter les œufs un à un en ne cessant pas de battre, la farine, la levure, le thé infusé, la poudre d'amande et le gingembre.
3 › Verser la préparation dans le moule beurré et fariné. Enfourner à 180 °C (th.6) pour 40 minutes.

› cake andalou

cake californien

200 g de crevettes / 150 g d'ananas en boîte / 150 g de farine / 1 sachet de levure chimique / 3 œufs / 15 cl d'huile de tournesol / 5 cl de lait / 100 g de feta / Sel, poivre.

6 À 8 PERS. – PRÉP. : 30 MIN – CUISS. : 50 MIN

1 › Faire cuire les crevettes dans l'eau bouillante jusqu'à ce qu'elles rougissent (4 à 5 minutes). Les décortiquer.

2 › Égoutter les tranches d'ananas et les couper en cubes.

3 › Dans un récipient, mélanger la farine et la levure. Ajouter les œufs. Bien fouetter avant d'incorporer l'huile et le lait.

4 › Incorporer les crevettes, la feta émiettée et l'ananas. Saler et poivrer.

5 › Verser dans le moule beurré et fariné, puis enfourner à 190-200 °C (th. 6-7) pour 45 minutes.

6 › Laisser tiédir avant de couper en tranches.

Pour un repas complet d'été, servez ce cake accompagné d'une salade verte au vinaigre balsamique le tout parsemé d'oignons frits.

cake breton

125 g de farine / 25 g de farine de blé noir / 1 sachet de levure chimique / 3 œufs / 15 cl d'huile de tournesol / 15 cl de lait / 2 cl de calvados / 150 g d'andouille de Guémené ou de Vire / 1 pomme / 1 oignon / Sel, poivre.

6 À 8 PERS. - PRÉP. : 15 MIN - CUISS. : 45 MIN

1 › Mélanger les farines et la levure. Ajouter les œufs et, lorsque la préparation est bien homogène, l'huile, le lait ainsi que le calvados.

2 › Incorporer ensuite l'andouille et la pomme coupées en petits cubes et l'oignon finement haché. Saler et poivrer.

3 › Verser dans le moule beurré et fariné, puis enfourner à 190-200 °C (th. 6-7) pour 45 minutes.

4 › Laisser tiédir avant de couper en tranches.

N'hésitez pas à modifier les proportions de farine de blé noir suivant le goût.

À déguster avec du cidre...

cake armoricain

300 g de lotte / 150 g de farine / 1 sachet de levure chimique / 3 œufs / 10 cl d'huile d'olive / 10 cl de lait / 10 cl de vin blanc sec / 1 petite boîte de concentré de tomates / 2 échalotes / 1 gousse d'ail / Quelques brins de persil / Sel, poivre.

6 À 8 PERS. - PRÉP. : 40 MIN - CUISS. : 1 H

1 › Cuire la lotte au court-bouillon. Égoutter et émietter très grossièrement à l'aide d'une fourchette afin de conserver des morceaux. Laisser refroidir.

2 › Dans un récipient, mélanger la farine et la levure. Ajouter les œufs. Bien fouetter avant d'incorporer l'huile et le lait. Ajouter le vin et le concentré de tomates.

3 › Hacher les échalotes, l'ail et le persil. Incorporer à la préparation. Saler, poivrer.

4 › Ajouter la lotte en mélangeant doucement.

5 › Verser dans le moule beurré et fariné, puis enfourner à 190-200 °C (th. 6-7) pour 45 minutes.

6 › Laisser refroidir avant de démouler.

Ce cake se déguste froid.

› cake breton

cake chinois

250 g de crevettes / 150 g de farine / 1 sachet de levure chimique / 3 œufs / 15 cl d'huile d'olive / 1 cuil. à café d'huile de sésame / 15 cl de lait de coco / 1 morceau de gingembre / Sel, poivre.

6 À 8 PERS. – PRÉP. : 30 MIN – CUISS. : 50 MIN

1 › Faire cuire les crevettes dans l'eau bouillante jusqu'à ce qu'elles rougissent (4 à 5 minutes). Les décortiquer.

2 › Mélanger la farine et la levure. Ajouter les œufs et, lorsque la préparation est bien homogène, l'huile d'olive, l'huile de sésame et le lait de coco.

3 › Râper l'équivalent de 1 cuillerée à café de gingembre frais et l'incorporer à la pâte. Ajouter les crevettes. Bien mélanger.

4 › Verser dans le moule beurré et fariné, puis enfourner à 190-200 °C (th. 6-7) pour 45 minutes.

5 › Laisser tiédir avant de couper en tranches.

À déguster avec une salade de pousses de soja.

cake oriental

125 g de beurre / 125 g de sucre en poudre / 3 œufs / 160 g de farine / 1 sachet de levure / 100 g de pistaches non salées / 1 cuil. à café de cardamome en poudre.

6 À 8 PERS. – PRÉP. : 15 MIN – CUISS. : 45 MIN

1 › Travailler au fouet le beurre et le sucre jusqu'à l'obtention d'un mélange mousseux.

2 › Ajouter les œufs un à un. Puis la farine et la levure.

3 › Ajouter les pistaches et la poudre de cardamome. Bien mélanger.

4 › Verser dans le moule beurré et fariné. Enfourner à 180 ° C (th. 6) pour 40 minutes.

5 › Démouler sur une grille.

› cake chinois

cake franc-comtois

1 saucisse de Morteau / 150 g de farine / 1 sachet de levure chimique / 3 œufs / 10 cl d'huile de tournesol / 20 cl de vin blanc sec / 150 g de cancoillotte / Poivre.

••• ››› 6 À 8 PERS. – PRÉP. : 15 MIN – CUISS. : 1 H 15 MIN

1 › Faire pocher la saucisse pendant 30 minutes. Égoutter et laisser refroidir.

2 › Dans un récipient, mélanger la farine et la levure. Ajouter les œufs. Bien fouetter avant d'incorporer l'huile et le vin.

3 › Faire fondre la cancoillotte et l'incorporer à la pâte.

4 › Couper la saucisse en cubes et les ajouter à la préparation. Bien poivrer et mélanger à nouveau.

5 › Verser dans le moule beurré et fariné, puis enfourner à 190-200 °C (th. 6-7) pour 45 minutes.

6 › Laisser tiédir avant de couper en tranches.

Régalez-vous à l'apéritif, en entrée ou en plat complet avec une salade de mesclun.

cake landais

150 g de farine / 1 sachet de levure chimique / 3 œufs / 15 cl d'huile d'olive / 15 cl de lait / 50 g de parmesan râpé / 150 g de magret de canard fumé en tranches / 1 pomme / 50 g de pignons de pin grillés / Sel, poivre.

6 À 8 PERS. – PRÉP. : 15 MIN – CUISS. : 45 MIN

1 › Dans un saladier, mélanger la farine et la levure. Ajouter les œufs. Bien fouetter avant d'incorporer l'huile d'olive et le lait puis le parmesan râpé.
2 › Séparer les tranches du magret, retirer le gras et les couper en deux. Les ajouter à la pâte.
3 › Couper la pomme en cubes avant de les mélanger avec le reste de la préparation. Ajouter les pignons.
4 › Verser le tout dans le moule beurré et fariné. Enfourner à 190-200 °C (th. 6-7) pour 45 minutes.
5 › Laisser tiédir avant de couper en tranches.

cake périgourdin

150 g de farine / 1 sachet de levure chimique / 3 œufs / 15 cl d'huile d'olive / 15 cl de lait / 100 g de gruyère râpé / 150 g de gésiers de volaille / 250 g de cèpes / 3 échalotes / 1 petit bouquet de persil / Sel, poivre.

6 À 8 PERS. – PRÉP. : 40 MIN – CUISS. : 1 H

1 › Mélanger la farine et la levure. Ajouter les œufs. Incorporer au fouet l'huile d'olive et le lait puis le fromage râpé afin de rendre la préparation bien homogène.
2 › Faire revenir dans une poêle les gésiers. Lorsqu'ils sont cuits, retirer du feu et les essuyer dans du papier absorbant. Les couper en quatre avant de les ajouter à la préparation.
3 › Dans la même poêle, faire cuire les cèpes coupés en morceaux avec 1 cuillerée d'huile d'olive. Bien saler et poivrer. Ajouter le hachis d'échalotes et de persil en fin de cuisson.
4 › Incorporer à la pâte puis verser dans le moule beurré et fariné. Enfourner à 190-200 °C (th. 6-7) pour 45 minutes.
5 › Laisser tiédir avant de couper en tranches.

› cake landais p. 43

› cake italien

cake italien

150 g de farine / 1 sachet de levure chimique / 3 œufs / 15 cl d'huile d'olive / 15 cl de lait / 1 boule de mozzarella / 150 g de jambon fumé / 100 g de tomates confites / 100 g de parmesan râpé / Sel, poivre.

6 À 8 PERS. – PRÉP. : 15 MIN – CUISS. : 45 MIN

1 › Mélanger la farine et la levure. Ajouter les œufs. Incorporer au fouet l'huile d'olive et le lait afin de rendre la préparation bien homogène.
2 › Couper la mozzarella en dés, le jambon fumé et les tomates confites en petits morceaux.
3 › Ajouter ce mélange ainsi que le parmesan à la pâte. Saler et poivrer. Bien mélanger.
4 › Verser le tout dans le moule beurré et fariné. Enfourner à 190-200 °C (th. 6-7) pour 45 minutes.
5 › Laisser tiédir avant de découper.

cake sicilien

150 g de farine / 1 sachet de levure chimique / 3 œufs / 15 cl d'huile d'olive / 15 cl de lait / 150 g de ricotta / 100 g de tomates confites / 1 petit bouquet de basilic / 80 g de câpres / Sel, poivre.

6 À 8 PERS. – PRÉP. : 15 MIN – CUISS. : 45 MIN

1 › Dans un récipient, mélanger la farine et la levure. Ajouter les œufs. Bien fouetter avant d'incorporer l'huile, le lait et la ricotta.
2 › Couper en petits morceaux les tomates confites et hacher le basilic.
3 › Incorporer à la pâte avec les câpres égouttées et séchées. Saler et poivrer.
4 › Verser dans le moule beurré et fariné, puis enfourner à 190-200 °C (th. 6-7) pour 45 minutes.
5 › Laisser tiédir avant de couper en tranches.

cake indien

2 cuil. à soupe d'huile de sésame / 1 oignon / 200 g de poulet / 1 cuil. à soupe de pâte de curry / 1 mangue / 150 g de farine / 1 sachet de levure chimique / 3 œufs / 15 cl d'huile d'olive / 15 cl de lait de coco / Sel, poivre.

6 À 8 PERS. - PRÉP. : 30 MIN - CUISS. : 55 MIN

1 › Dans une poêle, mettre de l'huile de sésame, faire revenir l'oignon émincé. Ajouter le poulet coupé en lamelles avec 1 bonne cuillerée à soupe de pâte de curry. Faire cuire puis réserver.

2 › Éplucher, couper la mangue en cubes.

3 › Dans un récipient, mélanger la farine et la levure. Ajouter les œufs. Saler et poivrer. Bien fouetter avant d'incorporer l'huile et le lait de coco.

4 › Ajouter le poulet et la mangue.

5 › Verser dans le moule beurré et fariné, puis enfourner à 190-200 °C (th. 6-7) pour 45 minutes.

6 › Laisser tiédir avant de couper en tranches.

Attention ! La pâte de curry peut être très forte. Ajustez les proportions suivant la force.

cake de grand-maman

125 g de sucre en poudre / 125 g de beurre demi-sel ramolli / 3 œufs / 160 g de farine / 1 sachet de levure chimique / 1 cuil. à café de cannelle en poudre / 3 pommes moyennes.

6 À 8 PERS. - PRÉP. : 15 MIN - CUISS. : 45 MIN

1 › Fouetter le sucre et le beurre jusqu'à obtention d'un mélange mousseux. Ajouter un à un les œufs entiers puis la farine, la levure et la cannelle. Mélanger soigneusement.

2 › Éplucher les pommes et les couper en quatre puis en tranches fines. Incorporer ces tranches à la pâte.

3 › Verser le tout dans le moule beurré et fariné. Enfourner à 180 °C (th. 6) pour 45 minutes.

4 › Vérifier la cuisson avec la pointe d'un couteau. Laisser refroidir avant de couper.

Il est possible d'ajouter 2 cl de calvados ou de rhum.
Pour toutes les recettes, la levure doit être bien mélangée à la farine.

cake aux fruits confits

150 g de sucre en poudre / 130 g de beurre / 3 œufs / 160 g de farine / 1 sachet de levure chimique / 100 g de cerises confites / 50 g de raisins de Smyrne / 50 g de raisins de Corinthe / 2 cuil. à soupe de rhum.

6 À 8 PERS. - PRÉP. : 15 MIN - CUISS. : 40 MIN

1 › Fouetter le sucre et le beurre jusqu'à obtention d'un mélange mousseux. Ajouter un à un les œufs entiers puis la farine, la levure.

2 › Incorporer les cerises, les raisins et le rhum. Bien mélanger et verser dans le moule beurré et fariné.

3 › Enfourner à 180 °C (th. 6) pour 40 minutes. Vérifier la cuisson avec la pointe d'un couteau. Laisser refroidir avant de couper.

› cake de grand-maman

amandes-pavot

125 g de sucre en poudre / 125 g de beurre demi-sel ramolli / 3 œufs / 160 g de farine / 1 sachet de levure chimique / 125 g de poudre d'amande / 70 g de graines de pavot / 1 cuil. à soupe de sucre glace.

6 À 8 PERS. – PRÉP. : 15 MIN – CUISS. : 45 MIN

1 › Fouetter le sucre et le beurre jusqu'à obtention d'un mélange mousseux.

2 › Ajouter un à un les œufs entiers puis la farine, la levure. Mélanger soigneusement. Incorporer enfin la poudre d'amande et les graines de pavot.

3 › Verser le mélange dans le moule beurré et fariné.

4 › Enfourner à 180 °C (th. 6) pour 45 minutes. Vérifier la cuisson avec la pointe d'un couteau. Laisser refroidir, démouler sur une grille et saupoudrer de sucre glace.

Peut être servi avec une crème anglaise.

à l'ancienne-
au mascarpone

125 g de sucre en poudre / 150 g de mascarpone à température ambiante / 3 œufs / 160 g de farine / 1 sachet de levure chimique / 1 cuil. à café de cannelle en poudre.

6 À 8 PERS. - PRÉP. : 15 MIN - CUISS. : 35 MIN

1 › Fouetter le sucre et le mascarpone jusqu'à obtention d'un mélange mousseux. Ajouter un à un les œufs entiers puis la farine, la levure et la cannelle. Mélanger soigneusement.

2 › Verser le tout dans le moule beurré et fariné.

3 › Enfourner à 180 °C (th. 6) pour 35 minutes. Vérifier la cuisson avec la pointe d'un couteau.

Servez avec de la confiture d'abricots ou de fraises ou un coulis de fruits rouges.

miel-épices

125 g de sucre en poudre / 125 g de beurre demi-sel ramolli / 3 œufs / 160 g de farine / 1 sachet de levure chimique / 120 g de miel liquide / 1 cuil. à café de gingembre en poudre / 1 cuil. à café de quatre-épices en poudre / Une pincée de muscade râpée.

6 À 8 PERS. – PRÉP. : 15 MIN – CUISS. : 45 MIN

1 › Fouetter le sucre et le beurre jusqu'à obtention d'un mélange mousseux.

2 › Ajouter un à un les œufs entiers puis la farine, la levure, le miel, le gingembre, le quatre-épices et la muscade. Bien mélanger.

3 › Verser le mélange dans le moule beurré et fariné.

4 › Enfourner à 180 °C (th. 6) pour 45 minutes. Vérifier la cuisson. Démouler le cake sur une grille.

Servez tiède ou froid avec une compote de pommes.

cake aux noisettes et aux figues

150 g de figues sèches / 125 g de sucre en poudre / 125 g de beurre demi-sel ramolli / 3 œufs / 160 g de farine / 1 sachet de levure chimique / 70 g de noisettes concassées.

6 À 8 PERS. – PRÉP. : 15 MIN – CUISS. : 45 MIN
REPOS : 1 H

1 › Faire tremper les figues dans un bol d'eau tiède pendant 1 heure. Les couper en cubes.

2 › Fouetter le sucre et le beurre jusqu'à obtention d'un mélange mousseux. Ajouter un à un les œufs entiers puis la farine, la levure. Mélanger soigneusement. Ajouter les figues et les noisettes.

3 › Verser le tout dans le moule beurré et fariné.

4 › Enfourner à 180 °C (th. 6) pour 45 minutes. Vérifier la cuisson avec la pointe d'un couteau. Laisser refroidir avant de couper.

Servez avec une boule de glace au café.

› miel-épices p. 55

› cake aux noisettes
et aux figues p. 55

› cake marbré

cake marbré

3 œufs / 125 g de sucre en poudre / 100 g de beurre / 250 g de crème fraîche / 200 g de farine / 1 sachet de levure chimique / 1 sachet de sucre vanillé / 30 g de cacao non sucré.

6 À 8 PERS. – PRÉP. : 20 MIN – CUISS. : 40 MIN

1 › Séparer les jaunes des blancs d'œufs. Fouetter le sucre et le beurre jusqu'à obtention d'un mélange mousseux. Ajouter un à un les jaunes, puis la crème fraîche, la farine et la levure. Mélanger soigneusement.
2 › Monter les blancs en neige. Les incorporer délicatement à la pâte.
3 › Diviser celle-ci en deux parties : parfumer la première avec le sucre vanillé, l'autre avec le cacao.
4 › Verser dans le moule beurré et fariné, en alternant les couches.
5 › Enfourner à 180 °C (th. 6) pour 40 minutes. Vérifier la cuisson avec la pointe d'un couteau.
6 › Laisser refroidir avant de couper.

Peut être accompagné d'une crème anglaise ou d'un coulis de framboises.

cake aux quatre épices

200 g de chocolat noir/ 125 g beurre /125 g de sucre en poudre / 3 œufs / 160 g de farine / 1 sachet de levure / 2 cuil. à café d'épices mélangées (cannelle, cardamome, gingembre, muscade).

6 À 8 PERS. – PRÉP. : 15 MIN – CUISS. : 45 MIN

1 › Faire fondre le chocolat au bain-marie. Ajouter le beurre et laisser fondre en tournant. Mélanger bien jusqu'à l'obtention d'un mélange bien lisse. Laisser refroidir.
2 › Séparer les blancs des jaunes d'œufs. Les monter en neige avec une pincée de sel. Fouetter les jaunes avec le mélange au chocolat. Ajouter doucement la farine, la levure et les épices. Puis incorporer délicatement les blancs en neige.
3 › Verser dans le moule beurré et fariné. Enfourner à 180 ° C (th. 6) pour 40 minutes.
4 › Démouler sur une grille.

cake aux pruneaux

300 g de pruneaux dénoyautés / 5 cl de Cointreau / 125 g de beurre / 125 g de sucre en poudre / 3 œufs / 160 g de farine / 1 sachet de levure / 1 cuil. à café d'extrait de vanille.

6 À 8 PERS. - PRÉP. : 15 MIN - CUISS. : 40 MIN

1 › Faire tremper les pruneaux dans le Cointreau.
2 › Travailler au fouet le beurre et le sucre jusqu'à l'obtention d'un mélange mousseux.
3 › Ajouter les œufs un à un. Puis la farine et la levure.
4 › Couper les pruneaux en quatre, les fariner légèrement. Les incorporer à la pâte. Ajouter la vanille.
5 › Verser dans le moule beurré et fariné. Enfourner à 180 °C (th. 6) pour 40 minutes.
6 › Démouler sur une grille.

Les fruits sont à fariner légèrement pour éviter qu'ils ne tombent au fond du moule.

orange-cannelle

125 g de beurre demi-sel ramolli / 125 g de sucre roux / 3 œufs / 150 g de farine / 1 sachet de levure chimique / Le jus de 1 orange / 30 g d'oranges confites.
Glaçage : **100 g de sucre glace / 2 cl de jus d'orange.**

6 À 8 PERS. – PRÉP. : 20 MIN – CUISS. : 45 MIN

1 › Travailler le beurre ramolli et le sucre roux.
2 › Ajouter les œufs un à un puis la farine, la levure, le jus d'orange et les zestes d'orange.
3 › Mélanger soigneusement. Verser dans le moule beurré et fariné.
4 › Enfourner à 180 ° C (th. 6) pour 45 minutes. Vérifier la cuisson.
5 › Mélanger le sucre glace et le jus.
6 › Verser sur le cake et enfourner à nouveau jusqu'à ce qu'une croûte se forme.
7 › Retirer du four et laisser refroidir.

cake aux noix

100 g de sucre en poudre / 125 g de beurre / 3 œufs / 100 g de farine / 1 sachet de levure / 60 g de noix hachées / 3 cuil. à café d'extrait de café / 10 grains de café.

6 À 8 PERS. - PRÉP. : 15 MIN - CUISS. : 45 MIN

1 › Fouetter le sucre et le beurre jusqu'à obtention d'un mélange mousseux.
2 › Ajouter un à un les œufs entiers puis la farine, la levure. Mélanger soigneusement.
3 › Ajouter les noix et l'extrait de café.
4 › Verser le tout dans le moule beurré et fariné. Décorer de grains de café.
5 › Enfourner à 180 °C (th. 6) pour 45 minutes. Vérifier la cuisson avec la pointe d'un couteau.
6 › Laisser refroidir avant de couper.

cake aux raisins de Malaga

200 g de raisins de Malaga / 3 cl de rhum / 125 g de sucre en poudre / 125 g de beurre ramolli / 3 œufs / 160 g de farine / 1 sachet de levure chimique.

6 À 8 PERS. - PRÉP. : 15 MIN - CUISS. : 40 MIN
REPOS : 12 H

1 › La veille, faire tremper les raisins dans le rhum.
2 › Travailler au fouet le sucre et le beurre. Ajouter les œufs un à un. Incorporer la farine et la levure. Fariner les raisins et les ajouter ainsi que le rhum.
3 › Verser dans le moule beurré et fariné.
4 › Enfourner à 180 °C (th. 6) pour 40 minutes. Vérifier la cuisson. Démouler sur une grille.

› cake aux noix p. 63

cake aux raisins de Malaga
p. 63

cake abricots

200 g d'abricots mûrs / 150 g de beurre / 2 cuil. à soupe de miel d'acacia / 125 g de sucre en poudre / 3 œufs / 160 g de farine / 1 sachet de levure / 50 g d'amandes en poudre / 1 sachet de sucre vanillé.

6 À 8 PERS. – PRÉP. : 15 MIN – CUISS. : 40 MIN

1 › Laver les abricots, les dénoyauter et les couper en dés. Les faire revenir dans une poêle avec 25 g de beurre et le miel. Les laisser caraméliser pendant une dizaine de minutes en les retournant régulièrement.
2 › Fouetter le reste de beurre avec le sucre jusqu'à obtenir un mélange mousseux.
3 › Ajouter un à un les œufs, la farine, la levure, la poudre d'amande, le sucre vanillé et enfin les abricots.
4 › Verser cette préparation dans le moule beurré et fariné. Enfourner à 180 °C (th. 6) pour 40 minutes.

Décorez avec des amandes effilées passées quelques minutes à la poêle.

cake d'automne

300 g de pulpe de potiron / 125 g de beurre / 100 g de sucre de canne / 3 œufs / 160 g de farine / 1 sachet de levure / 100 g de poudre d'amande / 50 g d'amandes mondées.

6 À 8 PERS. – PRÉP. : 15 MIN – CUISS. : 45 MIN

1 › Couper le potiron en dés et le cuire à la vapeur 10 minutes. Lorsqu'il est froid le passer au presse-purée.
2 › Travailler au fouet le beurre et le sucre jusqu'à l'obtention d'un mélange mousseux.
3 › Ajouter les œufs un à un. Puis la farine et la levure.
4 › Incorporer la purée et les amandes en poudre mondées à la pâte. Bien mélanger.
5 › Verser dans le moule beurré et fariné. Décorer avec les amandes mondées. Enfourner à 180 ° C (th. 6) pour 40 minutes.
6 › Démouler sur une grille.

On peut également utiliser du potimarron pour cette recette.

› cake abricots

l'antillais

1 petit ananas / 125 g de sucre en poudre / 150 g de beurre / 3 œufs / 300 g de farine / 1 sachet de levure chimique / 125 g de noix de coco en poudre / 2 cl de rhum.

6 À 8 PERS. – PRÉP. : 15 MIN – CUISS. : 40 MIN

1 › Retirer la chair de l'ananas. Réduire en purée les trois quarts et couper le reste en cubes.
2 › Fouetter le sucre et le beurre jusqu'à ce que le mélange blanchisse.
3 › Ajouter les œufs entiers un à un, puis la farine, la levure. Ajouter la purée d'ananas, les cubes, la noix de coco et le rhum. Mélanger soigneusement.
4 › Verser le tout dans le moule beurré et fariné.
5 › Enfourner à 180 °C (th. 6) pour 40 minutes. Vérifier la cuisson avec la pointe d'un couteau.
6 › Laisser refroidir avant de couper.

bananes et noix de pécan

125 g de sucre en poudre / 125 g de beurre demi-sel ramolli / 3 œufs / 2 cuil. à soupe de crème fraîche épaisse / 160 g de farine / 1 sachet de levure chimique / 2 bananes / 80 g de noix de pécan / 1 cuil. à café de gingembre.

6 À 8 PERS. – PRÉP. : 15 MIN – CUISS. : 45 MIN

1 › Fouetter le sucre et le beurre jusqu'à obtention d'un mélange mousseux. Ajouter un à un les œufs entiers puis la crème, la farine, la levure. Mélanger soigneusement.
2 › Éplucher les bananes et les couper en dés. Les incorporer à la pâte. Ajouter les noix de pécan. Verser le tout dans le moule beurré et fariné.
3 › Enfourner à 180 °C (th. 6) pour 45 minutes. Vérifier la cuisson avec la pointe d'un couteau. Laisser refroidir avant de couper.

› l'antillais

› cake de la correspondante américaine

cake de la correspondante américaine

150 g de carottes / 60 g de poudre d'amande / 60 g de poudre de noisette / 60 g de noix / 150 g de sucre en poudre / 125 g de beurre / 3 œufs / 120 g de farine / 1 sachet de levure / 1 cuil. à café de cannelle / 2 tranches d'ananas au sirop.

6 À 8 PERS. – PRÉP. : 20 MIN – CUISS. : 45 MIN

1 › Éplucher et râper finement les carottes. Ajouter les poudres d'amande et de noisette.

2 › Dans un mixeur, hacher les noix.

3 › Fouetter le sucre et le beurre. Ajouter les œufs, un à un, la farine et la levure. Bien mélanger.

4 › Incorporer la préparation aux carottes, la cannelle, l'ananas coupé en dés et les noix. Verser le tout dans un moule beurré et fariné.

5 › Enfourner à 180 °C (th. 6) pour 45 minutes.

Saupoudrez de sucre glace ou de noix de coco râpée. On peut remplacer la poudre de noisette par de la poudre de noix de coco.

cake exotique

125 g de beurre / 125 g de sucre en poudre / 3 œufs / 160 g de farine / 1 sachet de levure / 5 ou 6 fruits de la passion / 200 g de noix de coco en poudre.

6 À 8 PERS. – PRÉP. : 15 MIN – CUISS. : 40 MIN

1 › Travailler au fouet le beurre et le sucre jusqu'à l'obtention d'un mélange mousseux.

2 › Ajouter les œufs un à un. Puis la farine et la levure.

3 › Retirer la pulpe des fruits. La tamiser et l'incorporer à la pâte. Ajouter la noix de coco. Bien mélanger.

4 › Verser dans le moule beurré et fariné. Enfourner à 180 °C (th. 6) pour 40 minutes.

5 › Démouler sur une grille.

cake caramel-beurre salé

125 g de sucre en poudre / 125 g de beurre / 3 œufs / 160 g de farine / 1 sachet de levure / 220 g de salidou à température ambiante.

6 À 8 PERS. - PRÉP. : 15 MIN - CUISS. : 45 MIN

1 › Fouetter le sucre et le beurre jusqu'à obtenir un mélange mousseux. Ajouter les œufs un à un, puis la farine et la levure. Bien mélanger.

2 › Verser la moitié de la pâte dans un moule beurré et fariné, puis, au milieu, le salidou et enfin le reste de la préparation.

3 › Enfourner à 180 °C (th. 6) pour 45 minutes. Vérifier la cuisson et démouler sur une grille.

Servez avec une boule de glace à la vanille ou une crème anglaise. Il est important que le salidou ne soit pas trop dur, pensez bien à le sortir du réfrigérateur la veille.

cake aux cerises et aux amandes

250 g de cerises dénoyautées / 2 cl de kirsch / 125 g de beurre / 125 g de sucre en poudre / 3 œufs / 160 g de farine / 1 sachet de levure / 150 g de poudre d'amande / 60 g d'amandes effilées.

6 À 8 PERS. - PRÉP. : 15 MIN - CUISS. : 45 MIN

1 › Laisser macérer les cerises dans le kirsch.
2 › Fouetter le beurre et le sucre afin d'obtenir un mélange mousseux.
3 › Ajouter les œufs un à un puis la farine et la levure. Incorporer ensuite la poudre d'amande et les cerises. Bien mélanger.
4 › Verser la préparation dans un moule beurré et fariné. Recouvrir d'amandes effilées.
5 › Enfourner à 180 °C (th. 6) pour 45 minutes.

Il est possible de remplacer le kirsch par de l'amaretto. De même, hors saison, on peut utiliser des cerises confites.

cake au citron et au gingembre

125 g de sucre en poudre / 125 g de beurre demi-sel ramolli / 3 œufs / 160 g de farine / 1 sachet de levure chimique / Le jus de 1 citron / 1 cuil. à café de gingembre en poudre / Quelques lamelles de citron confit.

6 À 8 PERS. - PRÉP. : 15 MIN - CUISS. : 45 MIN

1 › Fouetter le sucre et le beurre jusqu'à obtention d'un mélange mousseux.
2 › Ajouter un à un les œufs entiers puis la farine, la levure. Mélanger soigneusement.
3 › Ajouter le jus de citron, le gingembre et le citron confit.
4 › Verser le tout dans le moule beurré et fariné.
5 › Enfourner à 180 °C (th. 6) pour 45 minutes. Vérifier la cuisson avec la pointe d'un couteau. Laisser refroidir avant de couper.

Servez avec une crème anglaise, une légère meringue ou bien des framboises fraîches.

› cake aux cerises et aux amandes p. 73

cake kiwi et cassis

5 kiwis bien fermes / 125 g de sucre en poudre / 125 g de beurre demi-sel ramolli / 3 œufs / 160 g de farine / 1 sachet de levure chimique / 150 g de cassis.

6 À 8 PERS. – PRÉP. : 15 MIN – CUISS. : 35 MIN

1 › Éplucher les kiwis et les couper en petits cubes.

2 › Fouetter le sucre et le beurre jusqu'à obtention d'un mélange mousseux. Ajouter un à un les œufs entiers puis la farine, la levure.

3 › Incorporer les cassis et les kiwis. Mélanger soigneusement. Verser le tout dans le moule beurré et fariné.

4 › Enfourner à 180 °C (th. 6) pour 35 minutes. Vérifier la cuisson avec la pointe d'un couteau. Laisser refroidir avant de couper.

délice aux dattes

200 g de dattes / 125 g de sucre en poudre /125 g de beurre / 3 œufs /160 g de farine / 1 sachet de levure / 60 g de poudre d'amande /1 cuil. à café de gingembre en poudre ou frais.

6 À 8 PERS. – PRÉP. : 15 MIN – CUISS. : 40 MIN

1 › Couper les dattes en petits dés.

2 › Fouetter le sucre et le beurre. Le mélange doit blanchir.

3 › Ajouter les œufs un à un en ne cessant pas de battre, la farine, la levure, la poudre d'amande, les dattes et le gingembre.

4 › Verser la préparation dans le moule beurré et fariné. Enfourner à 180 °C (th. 6) pour 40 minutes.

Ici encore, il est important de fariner légèrement les dattes afin qu'elles ne tombent pas dans le fond du moule.

› cake kiwi et cassis

délice aux fruits des bois

délice aux fruits des bois

125 g de sucre en poudre / 125 g de beurre demi-sel ramolli / 3 œufs / 160 g de farine / 1 sachet de levure chimique / 350 g de mélange de fruits rouges / 1 sachet de sucre vanillé / 1 cuil. à soupe de miel d'acacia.

6 À 8 PERS. - PRÉP. : 15 MIN - CUISS. : 40 MIN

1 › Fouetter le sucre et le beurre jusqu'à ce que le mélange blanchisse.
2 › Ajouter un à un les œufs entiers puis la farine, la levure.
3 › Mélanger délicatement les fruits rouges avec le sucre vanillé et le miel. Incorporer ce mélange à la pâte. Verser le tout dans le moule beurré et fariné.
4 › Enfourner à 180 °C (th. 6) pour 40 minutes. Vérifier la cuisson avec la pointe d'un couteau.
5 › Laisser refroidir avant de couper.

Il est possible de servir tiède avec une boule de glace à la vanille ou froid avec un coulis de fruits rouges.

cake aux groseilles

200 g de groseilles fraîches / 1 sachet de sucre vanillé / 125 g de beurre / 125 g de sucre en poudre / 3 œufs / 160 g de farine / 1 sachet de levure / 2 cuil. à soupe de yaourt à la grecque / 100 g de poudre d'amande / 50 g de noix de Macadamia.

6 À 8 PERS. - PRÉP. : 15 MIN - CUISS. : 45 MIN

1 › Nettoyer les groseilles et les saupoudrer de sucre vanillé. Travailler au fouet le beurre et le sucre jusqu'à l'obtention d'un mélange mousseux. Ajouter les œufs un à un. Puis la farine et la levure.
2 › Ajouter le yaourt, les groseilles, la poudre d'amande et les noix. Bien mélanger.
3 › Verser dans le moule beurré et fariné. Enfourner à 180 °C (th. 6) pour 40 minutes.
4 › Démouler sur une grille.

cake aux marrons

300 g de purée de marrons non sucrée / 100 g de beurre ramolli / 75 g de farine / 1 sachet de levure / 3 œufs / 150 g de sucre en poudre / 2 cuil. à soupe de cognac / Une pincée de sel.

6 À 8 PERS. – PRÉP. : 15 MIN – CUISS. : 45 MIN

1 › Malaxer la purée de marrons et le beurre. Ajouter la farine et la levure.

2 › Casser les œufs en séparant les blancs des jaunes. Battre les jaunes avec le sucre jusqu'à obtenir un mélange mousseux. Incorporer à la purée de marrons. Bien fouetter.

3 › Monter les blancs en neige avec une pincée de sel et incorporer à la purée de marrons en soulevant délicatement la préparation.

4 › Verser la pâte dans le moule beurré et fariné. Enfourner à 180 °C (th. 6) pour 45 minutes.

Servez avec des rosettes de crème Chantilly.

cake rhubarbe, pommes et noix de pécan

2 bâtons de rhubarbe / 2 pommes moyennes / 150 g de noix de pécan / 125 g de sucre en poudre / 125 g de beurre demi-sel ramolli / 3 œufs / 160 g de farine / 1 sachet de levure chimique.

6 À 8 PERS. – PRÉP. : 15 MIN – CUISS. : 45 MIN

1 › Éplucher les bâtons de rhubarbe et les couper en cubes. Éplucher les pommes et les couper en quatre puis en tranches fines.
2 › Concasser les noix de pécan.
3 › Fouetter le sucre et le beurre jusqu'à obtention d'un mélange mousseux. Ajouter un à un les œufs entiers puis la farine, la levure. Mélanger soigneusement.
4 › Incorporer la rhubarbe, les pommes et les noix à la pâte. Verser le tout dans le moule beurré et fariné.
5 › Enfourner à 180 °C (th. 6) pour 45 minutes. Vérifier la cuisson avec la pointe d'un couteau.
6 › Laisser refroidir avant de couper.

cake Tatin

Pour le caramel : **5 pommes moyennes reinette ou elstar / 150 g de sucre en poudre / Le jus de 1 citron.**
125 g de sucre en poudre / 125 g de beurre / 3 œufs / 160 g de farine / 1 sachet de levure.

6 À 8 PERS. – PRÉP. : 20 MIN – CUISS. : 1 H

1 › Éplucher les pommes. Les couper en quartiers. Les déposer dans le fond du moule.
2 › Mettre à chauffer 2 cuillerées à soupe d'eau et le sucre dans une casserole jusqu'à obtenir un caramel doré. Ajouter le jus de citron.
3 › Recouvrir les pommes de ce caramel. Enfourner à 180 °C (th. 6) pour 20 minutes.
4 › Pendant ce temps, mélanger le sucre et le beurre jusqu'à ce qu'ils blanchissent. Ajouter un à un les œufs entiers puis la farine et la levure. Verser sur les pommes.
5 › Remettre au four pour 40 minutes. Vérifier la cuisson.

Servez tiède avec une boule de glace à la vanille.

› cake rhubarbe, pommes et noix de pécan p. 81

l'ambassadeur chocolat-noisettes

200 g de chocolat noir / 150 g de noisettes / 3 œufs / 150 g de beurre / 125 g de sucre en poudre / 160 g de farine / 1 sachet de levure chimique / Sel.

6 À 8 PERS. – PRÉP. : 15 MIN – CUISS. : 50 MIN

1 › Faire fondre le chocolat avec 2 cuillerées d'eau au bain-marie ou 1 minute au micro-ondes. Concasser les noisettes.

2 › Séparer les jaunes des blancs d'œufs.

3 › À l'aide d'un fouet, travailler le beurre et le sucre jusqu'à obtenir un mélange mousseux. Ajouter les jaunes d'œufs un à un. Puis la farine, la levure, le chocolat fondu, les noisettes.

4 › Monter les blancs en neige avec une pincée de sel. Les incorporer délicatement à la pâte.

5 › Verser le mélange dans un moule beurré et fariné. Enfourner à 180 °C (th. 6) pour 45 minutes. Vérifier la cuisson. Démouler le cake sur une grille.

cake passion

250 g de chocolat noir / 125 g beurre / 3 œufs / 125 g de sucre en poudre / 160 g de farine / 1 sachet de levure / 2 cuil. à café de gingembre confit / Une pincée de fleur de sel.

6 À 8 PERS. – PRÉP. : 15 MIN – CUISS. : 40 MIN

1 › Faire fondre le chocolat au bain-marie. Ajouter le beurre et laisser fondre en tournant. Mélanger bien jusqu'à l'obtention d'un mélange bien lisse.

2 › Ajouter les œufs un à un, le sucre. Fouetter énergiquement. Ajouter le chocolat, puis doucement la farine et la levure. Ajouter enfin le gingembre. Bien mélanger.

3 › Verser dans le moule beurré et fariné une couche de pâte puis saupoudrer d'une petite pincée de fleur de sel, verser le reste de la pâte. Enfourner à 180 °C (th. 6) pour 40 minutes.

4 › Démouler sur une grille. Saupoudrer de sucre glace.

› l'ambassadeur chocolat-noisettes

› cake bananes-chocolat

cake bananes-chocolat

150 g de chocolat noir à dessert / 125 g de beurre / 125 g de sucre en poudre / 3 œufs / 160 g de farine / 1 sachet de levure chimique / 3 bananes.

6 À 8 PERS. – PRÉP. : 15 MIN – CUISS. : 50 MIN

1 › Faire fondre le chocolat avec 2 cuillerées à soupe d'eau au bain-marie ou 1 minute au micro-ondes.

2 › À l'aide d'un fouet, travailler le beurre et le sucre jusqu'à obtenir un mélange mousseux. Ajouter les œufs entiers un à un. Puis le chocolat fondu, la farine, la levure.

3 › Éplucher et couper les bananes en cubes. Les incorporer délicatement.

4 › Verser le mélange dans un moule beurré et fariné. Enfourner à 180 °C (th. 6) pour 45 minutes. Vérifier la cuisson. Démouler le cake sur une grille.

Dégustez avec des rosettes de chantilly.

cake ricotta et poires

125 g de beurre / 125 g de sucre en poudre / 3 œufs / 160 g de farine / 1 sachet de levure / 4 poires / 200 g de ricotta.

6 À 8 PERS. – PRÉP. : 15 MIN – CUISS. : 40 MIN

1 › Travailler au fouet le beurre et le sucre jusqu'à l'obtention d'un mélange mousseux.

2 › Ajouter les œufs un à un. Puis la farine et la levure.

3 › Éplucher et couper les poires en dés. Les fariner légèrement. Les incorporer à la pâte. Ajouter la ricotta. Bien mélanger.

4 › Verser dans le moule beurré et fariné. Enfourner à 180 °C (th. 6) pour 40 minutes.

5 › Démouler sur une grille.

Les fruits sont à fariner légèrement pour éviter qu'ils ne tombent au fond du moule. Il est possible de parfumer ce cake avec du rhum.

cake choco-framboisine

200 g de chocolat noir / 150 g de beurre / 125 g de sucre en poudre / 3 œufs / 160 g de farine / 1 sachet de levure / 150 g de framboises.

6 À 8 PERS. – PRÉP. : 25 MIN – CUISS. : 45 MIN

1 › Faire fondre le chocolat au bain-marie.
2 › Travailler le beurre et le sucre. Le mélange doit blanchir.
3 › Ajouter les œufs un à un, puis la farine et la levure. Bien mélanger.
4 › Dans le moule beurré et fariné, verser la moitié de la préparation puis les framboises et enfin l'autre moitié de la pâte.
5 › Enfourner à 180 °C (th. 6) pour 40 minutes. Vérifier la cuisson.

cake orange-chocolat

200 g de chocolat noir / 125 g de beurre / 125 g de sucre en poudre / 3 œufs / 160 g de farine / 1 sachet de levure / 100 g d'oranges confites.

6 À 8 PERS. – PRÉP. : 15 MIN – CUISS. : 45 MIN

1 › Faire fondre le chocolat au bain-marie.
2 › Fouetter le sucre et le beurre jusqu'à l'obtention d'un mélange mousseux.
3 › Ajouter les œufs un à un, puis la farine et la levure. Mélanger avec soin. Ajouter enfin le chocolat et les oranges. Verser la préparation dans le moule beurré et fariné.
4 › Enfourner à 180 °C (th. 6) pour 40 minutes.

› cake choco-framboisine

cake aux deux chocolats

150 g de chocolat noir à dessert / 100 g de chocolat blanc / 125 g de beurre / 125 g de sucre en poudre / 3 œufs / 160 g de farine / 1 sachet de levure chimique.

6 À 8 PERS. – PRÉP. : 15 MIN – CUISS. : 45 MIN

1 › Faire fondre le chocolat noir avec 2 cuillerées d'eau au bain-marie. Broyer le chocolat blanc en petites pépites.
2 › À l'aide d'un fouet, travailler le beurre et le sucre jusqu'à obtenir un mélange mousseux.
3 › Ajouter les œufs entiers un à un. Puis le chocolat fondu, la farine, la levure. Enfin, ajouter les pépites de chocolat blanc. Verser la préparation dans un moule beurré et fariné.
4 › Enfourner à 180 °C (th. 6) pour 45 minutes. Vérifier la cuisson. Laisser refroidir avant de couper.

Servez avec un peu de crème fouettée ou de la crème anglaise.

crème anglaise

1 l de lait / 100 g de sucre en poudre / 1 gousse de vanille / 6 jaunes d'œufs.

6 À 8 PERS. – PRÉP. : 15 MIN – CUISS. : 10 MIN

1 › Porter le lait à ébullition avec le sucre et la vanille.
2 › Battre les jaunes d'œufs.
3 › Ajouter en tournant constamment le lait chaud sur les jaunes.
4 › Reverser le tout dans la casserole en mélangeant à feu doux jusqu'à ce que le mélange nappe la cuillère.
5 › Retirer du feu. Ôter la gousse de vanille et laisser refroidir.

› cake aux deux chocolats

cake chocolat-poires

cake chocolat-poires

150 g de chocolat noir à dessert / 150 g de beurre / 150 g de sucre en poudre / 3 œufs / 200 g de farine / 1 sachet de levure chimique / 1 sachet de sucre vanillé / 3 poires de taille moyenne.

6 À 8 PERS. – PRÉP. : 15 MIN – CUISS. : 50 MIN

1 › Faire fondre le chocolat avec 2 cuillerées d'eau au bain-marie ou 1 minute au micro-ondes.

2 › À l'aide d'un fouet, travailler le beurre et le sucre jusqu'à obtenir un mélange mousseux. Ajouter les œufs entiers un à un. Puis le chocolat fondu, la farine, la levure et le sucre vanillé.

3 › Éplucher et couper les poires en cubes. Les incorporer délicatement. Verser le mélange dans un moule beurré et fariné.

4 › Enfourner à 180 °C (th. 6) pour 45 minutes. Vérifier la cuisson. Démouler le cake sur une grille.

Laissez refroidir et servez avec une crème anglaise (p. 90) ou une sauce au chocolat chaude (ci-dessous).

sauce au chocolat chaude

20 cl de lait / 2 cuil. à soupe de crème fraîche / 80 g de sucre en poudre / 200 g de chocolat noir à dessert / 15 g de beurre.

6 À 8 PERS. – PRÉP. : 15 MIN – CUISS. : 15 MIN

1 › Dans une casserole, verser le lait et la crème puis le sucre. Porter à ébullition en mélangeant.

2 › Couper en petits morceaux le chocolat. Le placer dans une casserole et le faire fondre au bain-marie tout doucement.

3 › Ajouter le beurre et le mélange crème et lait. Bien mélanger le tout.

4 › Verser dans un récipient et laisser refroidir un peu avant de servir.

table des matières

Dépôt légal 1er trim. 2008 n° 3 405
Imprimé en U.E.